AF451907

ANALYSE RAPIDE

DE LA

RÉVOLUTION FRANÇAISE,

DEPUIS SON ORIGINE JUSQU'A CE JOUR.

ANALYSE RAPIDE

DE LA

RÉVOLUTION FRANÇAISE,

DEPUIS SON ORIGINE JUSQU'A CE JOUR,

Par M. de Pontis.

Quærens quem devoret.

A LYON,

De l'Imprimerie de L. CUTTY, PLACE LOUIS-
LE-GRAND, N°. 8, Façade du Rhône.

JUILLET 1816.

INTRODUCTION.

Jamais Prince ne fut plus digne d'être heureux que Louis XVI, et ne parut en même temps plus propre à faire le bonheur de ses sujets. Il réunissait toutes les qualités qui forment le grand monarque et un bon Roi; un cœur droit, une raison éclairée, une ame vertueuse et sensible. Ces vertus se déployèrent avec beaucoup d'éclat sur le trône, et l'adversité même leur donna encore un nouveau lustre. Naturellement porté à la bienveillance, il fut à la fois un père tendre, un époux vertueux, un ami généreux et sincère; et pour être le père de ses sujets, il ne lui manqua que de naître dans un temps moins orageux, et d'avoir des sujets plus soumis : en un mot, ses défauts, car il est impossible de lui trouver des vices, prenant leur source dans la sensibilité de son cœur, étaient propres à lui concilier l'amour de ses sujets et de tous ceux qui l'approchaient.

ANALYSE RAPIDE

DE LA

RÉVOLUTION FRANÇAISE,

DEPUIS SON ORIGINE

JUSQU'A CE JOUR.

UN conscours de causes différentes avait préparé de loin cette grande révolution et facilité le succès de la nation, qui, voulant détruire les abus, les multiplia à l'infini, et rendit le peuple français plus cruel que les bêtes féroces de l'Afrique. Ce royaume immense, sans rien perdre de l'étendue de son territoire, perdit la force et le courage nécessaire pour se défendre, et vit bientôt toutes ses ressources épuisées. Aussi la monarchie touchait à sa destruction. Les opinions des philosophes modernes commençaient à dominer au milieu du dix-huitième siècle. Leurs chefs étaient pleins d'audace. Le siècle tendait à sa fin, et la France était en proie à des calamités renaissantes. Il restait à peine quelques vestiges de la politique, de la jurisprudence , de la religion. On peut ajouter même , des arts , des sciences et de la littérature. Depuis la destruction des Jésuites , il s'était introduit de nouvelles mœurs , de nouveaux habillemens, de nouveaux noms d'hommes.

Cependant quand Louis XVI commença à régner , ce jeune monarque devint l'objet chéri de l'attention publique. De la capitale l'admiration passa aux provinces : de là, n'acquirent l'estime , la confiance , la fidélité et la soumission des peuples qui se démentirent douze ans après. Ses sujets trouvèrent pendant cette intervalle de temps, des faits applicables au jeune monarque, des nuances de caractère , comme qui dirait des traits qui n'étaient pas encore sa physionomie, mais qui annonçaient ce qu'elle serait.

Il est rare que dans le cours de la vie , l'homme ne soit pas ce qu'on l'a fait dans une première éducation. Il faudrait avoir vécu long-temps avec ce monarque pour peindre son caractère. Il affectait dans le commencement de son règne , autant de simplicité , que Louis XIV avait déployé de grandeur. Son train était modeste. Il mettait de l'affabilité et même de l'aisance partout où ses prédécesseurs avaient faits paraître beaucoup de fierté inflexible.

Cependant le gouvernement était pour lui un sujet habituel d'étude et de méditation. Il se montrait attentif aux diverses révolutions qui arrivait dans l'État, aimant à savoir ce qui se passait dans les différens cabinets de l'Europe, et à raisonner sur les événemens du jour. C'était la matière la plus ordinaire de ses entretiens, soit avec ses instituteurs, soit avec ses courtisans. Il aimait à peser avec eux les grands intérêts de l'État.

Considérons-le au moment où il prit les rênes du Gouvernement. A peine âgé de vingt-ans, il fut étonné, et peut-être effrayé de se voir Roi : et quoique l'art de régner et de gouverner lui sembla entièrement inconnu, parce qu'il manquait d'expérience, il chercha néanmoins à consoler les Français par sa sagesse; son premier pas, en montant sur le trône, fut d'appeler auprès de lui le comte de Maurepas, qui avait vieilli dans l'éloignement de la cour. C'était un ministre éprouvé par une longue disgrâce. La France qui tremblait dans l'incertitude d'un nouveau règne, en apprenant le rappel de cet ancien ministre, se livra à l'espérance d'un gouvernement heureux, et ne se trompa pas. Le désordre qui s'était glissé dans toutes les parties de l'administration, disparut bientôt. Les finances furent ôtées à l'abbé Terrai, qui s'éloigna de Paris, chargé de la haine publique. Le chancelier Maupeou est exilé, et bientôt oublié. Le ministère de la guerre, qu'avait M. le duc d'Aiguillon, est donné au maréchal de Muï, et les affaires étrangères à M. de Vergennes, homme de bien, et d'une intelligence rare pour les négociations. La marine, dont le département est confié à M. Desartines, devient en peu de temps redoutable aux Anglais. M. Turgot, qui avait fait en Limousin, tout le bien qu'un intendant peut faire dans une province, est fait contrôleur général, et M. de Malesherbes, qui avait pour lui le suffrage des honnêtes gens instruits, remplace dans le ministère de Paris, le vieux duc de la Vrillière, depuis long-temps odieux et méprisé.

L'ancien parlement fut rappelé : les hommes de lettres n'avaient point à se plaindre du parlement Maupeou, dont on composa le grand conseil. Sous ce nouveau parlement, qui fut le sujet d'un déluge de satires, aucun d'eux ne fut inquiété, ni dénoncé, sous prétexte d'impiété. Pendant tout le temps qu'il siégea, on n'entendit point retentir le parquet de ces déclamations violentes, où un magistrat, sans être bien persuadé de ce qu'il dit, se faisait un jeu de crier que la philosophie *sape le*

trône. Le parlement Maupeou prêchait l'obéis-
sance aux peuples , leur en donnait le premier l'exemple , et en les éclairant , mettait
le trône et le monarque à couvert des attentats
du peuple. Ce n'est pas que les membres du
parlement Maupeou fussent très-instruits ; mais
ils entendaient leurs intérêts , et ne voulaient
point aliéner les hommes de lettres, dont l'opinion , à la longue , forme l'opinion publique.
Aussi ce fut une faute capitale d'avoir rappelé
l'ancien parlement.

On s'attendait que les membres de ce parlement , éprouvés par un long exil , auraient
mis à profit ce temps de disgrâce et d'oisiveté ,
et qu'instruits par la réflexion et de bonnes
lectures , à leur retour, ils seraient des hommes
nouveaux. Au grand contentement de la nation,
ils vinrent reprendre leurs fonctions : mais au
grand étonnement de tous ceux qui s'intéressaient
aux progrès des lumières , ils rapportèrent
tous leurs préjugés contre les hommes de
lettres. Deux philosophes étaient alors dans le
ministère , MM. de Malesherbes et Turgot.
Dans le peu de loisir que leur laissait le
soin qu'ils devaient à la chose publique , ils
se plaisaient à s'entretenir avec leurs sembla-
bles. M. Turgot entrait dans les vues des éco-
nomistes , tous occupés de l'amélioration du

commerce et de l'agriculture , ainsi que des moyens de remédier aux vices , qui, sous la fin du règne précédent , s'étaient introduits dans l'administration des finances. Aussi ces douze premières années de Louis XVI furent célébrées par les poëtes les plus habiles de ce règne ; et ce qui est à la gloire de ces poëtes , c'est que leurs vers exprimaient la vérité, et n'étaient point une flatterie. Ce qui étonne davantage , c'est que les philosophes qui dominaient alors, alarmés des réformes que faisaient les ministres , et même de celles qu'ils méditaient , criaient tous contre - eux. Le jeune Roi qui était passionné pour le bien , qui ne parlait que de rendre ses peuples heureux, mais qui n'aimait pas les cris , renvoya la plupart des ministres, et ce renvoi jeta la France dans la consternation.

Cependant le crédit national commençait à renaître. Louis XVI portant ses vues sur toutes les branches d'économie possibles , supprima toutes les pensions que la faveur avait obtenues, et diminua celles qui étaient peu méritées. L'économie même du monarque servit d'exemple et devint extrême. Instruit de l'usure qui dévorait la capitale, et la France entière, il en arrêta les cruels résultats , et établit dans les grandes villes, des *Monts-de-Piété*, qui, pour un modique intérêt, présenta aux indigens des ressources qu'ils ne trouvaient qu'à force de sacrifices. Il créa une caisse d'escompte afin de faciliter les opérations du commerce ; supprima le régime désastrueux des corvées, qui arrachait l'agriculteur à ses importans travaux. La servitude personnelle dans les domaines du Roi, fut abolie. On adoucit le code criminel : la torture, née dans les cachots de la justice, prodiguant les tourmens et la douleur, dans l'espoir de trouver des coupables, disparut dans la législation criminelle, et cessa de la déshonorer. L'affreux système de punir de mort les déserteurs, répugnant à la bonté de son cœur, fit place à une peine moins rigide. Tant de bienfaits lui attirèrent l'estime et la reconnaissance publique ; et il disait souvent à ces courtisans, *je suis aimé de mon peuple, aussi je suis le Roi le plus heureux du monde.* Et ce Roi heureux a été sacrifié par son peuple.

Il fallait des impôts pour soutenir la guerre en Amérique ; on en établit quelques-uns, bien modérés, sans doute, en comparaison de ce que nous avons payé depuis, et bien peu suffisans pour les besoins de la monarchie. Le parlement, en possession de vérifier les édits de ces taxes, s'opposait vivement à les enregistrer, il acquit la confiance des peuples, par les contradictions dont il fatiguait le ministère.

Le Roi ayant renvoyé presque tous ses ministres , appela au ministère des finances M. de
Calonne , qui avait assez d'esprit pour trouver
des ressources en finances , mais pas assez de
caractère , ni même assez de patriotisme pour
opposer une digue puissante aux progrès des
philosophes. Il employa son ministère à donner
une nouvelle réforme à la monnaie. Opération
qui ne servit à rien et qui occasionna beaucoup
de dépenses. Il fut renvoyé , et M. Necker ,
protestant , le remplaça , et les finances sous
son ministère , éprouvèrent une baisse consi-
dérable. Cet homme systématique , au lieu de
diminuer le mal , ne fit que l'aggraver par
de nouvelles déprédations, et par des emprunts.
C'était pour y remédier qu'on assembla les
notables du royaume. Deux fois ils furent
convoqués, et ces deux assemblées décidèrent
que la nation ne pouvait se sauver qu'en assem-
blant les états - généraux. Cette idée prévalut
dans le royaume. La cour craignait cette réunion,
et elle s'occupa des moyens de la dissoudre :
mais elle s'y prit avec une maladresse qui rendit
ses démarches sans effet. Cette assemblée était
composée d'hommes d'un mérite éminent , et
d'un grand dévouement aux intérêts de la liberté
qui a troublé la paix , tandis que le calme

semblait régner sur la terre. La cour aurait
dû les contenir par la force , et surtout les
diriger par l'opinion. Au contraire elle ne prit
que des demi-mesures , et ne laissa voir que
des intentions contraires au vœu devenu général.
Dès ce moment il y eut une lutte pénible entre
le Gouvernement et le parti des philosophes.

Pourquoi faut-il qu'après avoir jeté les yeux
sur le tableau consolant qu'on vient d'esquisser ,
l'on soit obligé de les fixer sur celui des malheurs
qu'a éprouvés la France et sur les dangers qui
ont écrasés à la fois le monarque et sa cou-
ronne , la religion et ses ministres , et le gouvernement entier. Le roi, touché des abus, qui,
sous le règne précédent et sous le sien même ,
avait excité les réclamations d'une partie du
royaume. Alarmé des dettes contractées par
l'État , et dont la guerre de l'Amérique, quel
qu'en ait été le succès, n'avait fait qu'accroître
la masse , le Roi, par amour pour ses sujets ,
et dans l'aveu de n'adopter que de leur aveu
même , les moyens de les soulager , se décida
enfin à convoquer les états-généraux.

C'était agir en père qui s'entourait de ses
enfans , pour discuter des intérêts communs.
La bonté de son cœur et le tendre intérêt que
lui inspirait la portion la plus nombreuse et la
moins fortunée de ses sujets , lui fit croire qu'il

devait s'écarter , en faveur du tiers - état , dé l'usage constamment suivi en pareilles circonstances par les Rois ses prédécesseurs. Il pensa qu'il était de la justice que les députés de l'ordre le plus nombreux formassent à eux seuls la moitié des députés que les baillages enverraient aux états-généraux. Ce fut , sans doute, une erreur qui fut dictée par M. Necker. Mais son motif la rendait plus qu'excusable , et le Roi pouvait difficilement s'attendre qu'elle aurait des suites aussi funestes.

L'ordre du clergé et celui de la noblesse réclamèrent contre cette innovation , et cherchèrent au moins à en prévenir les inconvéniens , en s'opposant à la vérification des pouvoirs en commun , qui hautement exigée par le tiers-état , n'était en effet qu'un prétexte pour ne faire qu'une seule chambre des trois ordres , quoique les lettres même de convocation portassent qu'ils devraient délibérer séparément , ainsi que cela s'était pratiqué dans toutes les assemblées des états-généraux.

Le clergé et la noblesse défendirent leurs droits à cet égard, avec d'autant plus de force et de persévérance , qu'ils ne prévoyaient que trop les dangers auxquels les prétentions excessives du tiers-état , pouvaient exposer la monarchie. Celui-ci lassé de la courageuse

résistance

résistance des deux premiers ordres, et sur-tout
guidé par des chefs à qui une ambition effrénée
tenait lieu de principes et de morale , mais
qui la savaient déguiser sous le voile imposant
du patriotisme : le tiers-état fatigué de la lutte
pénible qu'il avait à soutenir contre les deux
ordres , prit un parti dont l'illégalité et l'audace sont encore aujourd'hui également incon-
cevables : ce fut de se déclarer lui-même,
assemblée nationale , et à ce titre de réduire
les deux autres ordres à l'alternative , où de
se réunir à lui , où de renoncer à l'usage et
à l'exercice des pouvoirs que chaque membre
de ces deux ordres tenaient , ainsi que ceux du
tiers-état , de la confiance et du suffrage libre
de ses commettans. Cependant il restait encore
une autre moyen qui aurait renversé l'assemblée
nationale , s'il avait été mis en usage , mais
malheureusement personne n'y songeait; c'était
que les deux premiers ordres auraient dû se
réunir au Roi. C'était le cas de montrer cette
fermeté qui aurait fait voir toute la majesté
du trône , et les deux premiers ordres en s'ap-
prochant de lui , n'auraient pas oublié qu'il
était Roi. Voilà le courage qu'on doit avoir
lorsqu'on est membre d'une assemblée illustre.
Cette fermeté en aurait imposé au tiers-état
qui aurait reconnu que leurs démarches étaient

une chose tout à fait nouvelle et très - hardie ; il aurait été plus sage pour lui de ne pas abandonner les deux premiers ordres , il aurait négocié , et aurait laissé voir la faiblesse de leur folle entreprise.

Avant de se porter à une démarche si inouie, les députés du tiers - état , où de moins leurs chefs avaient préparés pour la soutenir , les moyens criminels qu'on leur vit bientôt employer , et que des indices malheureusement trop certains , suffisaient pour faire craindre. Le Roi chercha alors à rapprocher les esprits : il se rendit au jeu de paume , où l'assemblée nationale , tenait depuis quelques jours ses assemblées ; il parla en monarque et en père , et exposa d'une manière noble et simple , les vues bienfaisantes dont il était animé ; il accorda à sa nation plus qu'elle ne s'était jamais cru en droit de demander , plus même qu'elle ne pouvait attendre des bontés de son souverain. Ce fut à cette époque , qui eût affermi pour jamais le bonheur de la France , que le tiers-état , érigé de sa propre autorité en *assemblée nationale* , osa prononcer que la bienfaisance du monarque était un outrage fait à la nation : qu'elle ne devait tenir que d'elle même et de sa propre volonté , tous les avantages dont Sa Majesté lui accordait la jouissance , et que les tenir, les accepter de la main du roi, ce serait méconnaître et avilir les droits et la dignité de la nation.

L'aveu authentique et solennel d'un système aussi monstrueux, ne prouvait que trop, à quel degré d'effervecence, où plutôt de délire, étaient parvenus les esprits, et le danger imminent qui devait en résulter. Dans cette occasion, le Roi se flatta encore de prévenir tout en engageant les deux premiers ordres à se réunir au tiers-état, et à ne former avec lui qu'une seule et même assemblée, où tous les députés des différens ordres, sans distinction, s'occuperaient, en commun, des objets qui avaient motivé la convocation des états-généraux. Ces objets étaient uniquement la réforme des abus, et les moyens à prendre pour parvenir à la diminution des dépenses, et à la liquidation des dettes de l'État. Les demandes consignées dans les cahiers des différens baillages, les pouvoirs donnés à leurs députés, n'embrassaient point un cercle plus étendu. Or, ces pouvoirs seuls, constituaient essentiellement le seul droit de ces députés. Leurs instructions étaient à la fois, la base, la règle et la limite de leurs fonctions et de leurs devoirs. Il suffit de se rappeler cette vérité pour apprécier à leur juste valeur le titre et l'autorité que s'est arrogée elle même *l'assem-blée nationale* , et pour se convaincre du pouvoir monstrueux qu'elle s'est attribuée, n'a jamais été émanée de la nation , et n'est pas moins un attentat à ses droits , qu'à ceux du monarque.

Quelqu'ambition , quelqu'audace , quelque perversité même que l'on puisse supposer à ceux des députés qui composaient la majorité de l'assemblée nationale , il est impossible d'admettre qu'en arrivant aux états-généraux, leur projet fut de se porter à toutes les atrocités dont successivement ils se sont rendus coupables. On peut même croire qu'en ce genre, eux-mêmes furent étonnés et effrayés de leurs succès , et qu'entraînés par les circonstances , ils n'avaient jamais prévu le dégré de crimes et de puissances auxquels ils sont parvenus : ce dont on ne peut douter , c'est que le tiers-état jaloux des prérogatives de la noblesse et de la richesse du clergé , avait formé le projet d'humilier ces deux ordres , et sur-tout celui de les dépouiller. Le moment paraissait d'autant plus favorable que les écrits et les déclamations des chefs et des partisans de la secte philosophique l'avait préparé. L'oubli de tous les principes , le mépris de la religion , un amour effréné de l'indépendance , enfin l'attrait d'un amour chimérique de la li-

berté , si propre à séduire ceux qui n'auraient su
que gagner à la voir se réaliser; tels étaient les
fruits dangereux qu'avaient produits depuis quarante ans les ouvrages des soi-disant philosophes. Tous les genres de littérature étaient infec-
tés de leurs maximes : on les applaudissaient au
théâtre, on les couronnaient dans les académies.
De sorte qu'il ne restait plus qu'un pas à faire,
c'était d'attaquer directement l'autorité royale,
de rendre les intentions du monarque suspectes
à son peuple, d'oser séparer ses intérêts de ceux
de la nation, et de l'isoler lui-même, si l'on ose
se servir de cette expression, au milieu de l'immense famille de ses sujets.

Pour parvenir à ce but criminel, pour oser
même tenter de changer, de dénaturer à ce point
le caractère d'une nation aussi connue par son
amour et sa fidélité pour ses Rois que par les
qualités brillantes qui l'avait toujours distin-
gué, que de ressorts, que de moyens ne fal-
lait-il pas employer; le premier était de prodi-
guer l'or pour payer les crimes, et il ne fut pas
épargné, quelqu'en fut la source. Le second
était d'avoir à sa disposition une troupe d'ouvriers toujours prêts à obéir aveuglément aux
impulsions qu'on voudrait leur donner, et qui
croyant n'avoir d'autre guide que leur propre
fureur, n'étaient en effet que des instrumens ser-

viles entre les mains de quiconque ne frémirait pas d'en faire usage.

Le Roi en indiquant Versailles pour le lieu des états-généraux , n'avait eu en vue que de rendre aussi intime que journalière sa communication avec les députés. Cette idée lui ferma les yeux sur les inconvéniens , ou plutôt sur les dangers qui pouvaient résulter de l'extrême proximité de la capitale , qui devait nécessairement être le foyer d'une fermentation d'autant plus dangereuse qu'elle ne pouvait qu'influer sur la liberté , et sur le calme nécessaire aux délibérations des États. Avouons qu'en persistant dans cette détermination, le Roi agissait moins d'après sa propre conviction , qu'il ne céda aux conseils perfides d'un ministre protestant , qui était alors l'idole du peuple , et dont le même peuple et l'assemblée nationale elle-même , ont fait depuis justice en l'accablant de leur mépris.

A peine les états-généraux furent-ils assemblés , qu'une fermentation sourde commença à régner dans Paris, et que l'esprit d'insubordination se manifesta dans toutes les troupes militaires destinées cependant à maintenir le bon ordre en France. Ils furent les premiers séduits. Les soldats ne purent résister à l'appât de l'or et des places. Alors pour les obtenir, ils prêtèrent l'oreille aux calomnies les plus atroces et les

plus absurdes, aussi le feu de la révolte éclata
dans tous les coins de la France. Le pillage du
magasin d'armes déposées à l'hôtel des Invalides,
la prise de la bastille, le massacre des officiers
qui y commandaient, l'assassinat du prévôt des
marchands, et des plus grands seigneurs de la
cour du Roi, le spectacle effrayant d'une ville
immense en proie à tout le désordre que la fureur d'une part et la terreur de l'autre, répan-
daient parmi sept cent mille habitans; tel fut
l'horrible tableau qu'offrit Paris le 14 juillet 1789.

Ce qu'il y a de plus incroyable et de plus
affreux, c'est que les coupables étaient dans le
sein même de l'assemblée; la révolte était l'ouvrage du parti qui y dominait, et les chefs de
ce parti sentaient tout le prix d'un événement
qui ne laissait plus au Roi que la cruelle alternative, ou de faire la guerre à ses sujets, ou de
paraître par sa clémence même approuver leurs
crimes, et se soumettre aux lois qu'on voudrait
lui imposer. L'Assemblée, pour mettre le peuple
de son côté convoqua, une grande confédération
au Champ-de-Mars pour le 14 juillet 1790, un
an après la prise de la bastille. Louis XVI avait
été forcé de venir habiter Paris avec toute sa
famille. L'Assemblée qui avait pris le nom de
constituante, siégeait tout près dans l'ancien
manège. La conduite de cette assemblée déplai-

sait au Roi et à ceux qui lui servaient alors de conseil : d'ailleurs, lassé des outrages du peuple qui l'insultait jusque sous les fenêtres du château des Tuileries, il partit de nuit le vingt juin 1791, mais il fut arrêté à Varennes et ramené à Paris où il fut suspendu de ses fonctions jusqu'après l'achèvement de la constitution, qu'il accepta trois mois après.

Ce n'était pas assez d'avoir mis la capitale dans un état de révolte ouverte contre son souverain, il fallait, pour remplir leurs vues, que le même esprit d'insurrection se répandît dans les provinces, et que la France entière en fut infectée. Des courriers partis, le même jour, allèrent bientôt porter le trouble et l'effroi dans toutes les parties du royaume : les uns annonçant une invasion de troupes étrangères, les autres l'approche d'un horde de brigands, qui venait pour détruire et ravager les récoltes ; la terreur s'empara facilement des esprits, une longue agitation et la crise du moment les rendaient susceptibles de toutes les impressions que l'on voulait donner : en huit jours de temps, on brûla et pilla les châteaux, et tout le royaume fut en armes. C'était le but que s'était proposé les factieux, bien sûrs de diriger à leur gré l'usage ou plutôt l'abus que pourrait faire de ses forces une populace égarée.

Les incroyables décrets que l'assemblée promulgua dans la nuit du 4 août 1789, prouvèrent assez que certaine de la supériorité de ses moyens, elle se croyait en droit de ne plus rien ménager; et l'anéantissement de tous les droits féodaux, annonça manifestement le projet formé de détruire la noblesse et le clergé, et de les spolier de tous leurs biens. L'effervescence, le délire étaient parvenus à un tel point, que ces décrets insensés furent accueillis avec transport; comme le gage le plus assuré de la liberté et de la régénération de la France. Mais cet élan d'enthousiasme ne suffisait pas encore pour satisfaire les vues ambitieuses des chefs du parti démocratique.

L'Assemblée nationale avait décidé précédemment que la sanction libre du Roi était nécessaire pour donner force de lois à ses décrets. Le Roi pouvait donc refuser cette sanction, et l'assemblée le forçant à la donner, était en contradiction avec les principes qu'elle même avait donnés pour base à la constitution. Il fallait donc trouver un moyen de tenir le Roi dans la dépendance d'une force majeure et de le priver de sa liberté, sans que l'assemblée parût avoir part à ce nouvel attentat. Les événemens du 5 octobre 1789, donnèrent la solution de cet odieux problème : 25 mille Parisiens, de la lie du peuple, marchèrent à Versailles malgré la pluie et le froid , ayant à leur tête M. de la Fayette , commandant de la ville de Paris. Pour ne pas retracer les horreurs de cette exécrable journée, nous dirons seulement que la Reine n'échappa que par miracle aux poignards des assassins ; et que ce fut, entouré de cette vile populace que le Roi et la famille royale furent conduits à Paris, Ajoutons à cet affreux tableau que l'assemblée nationale , qui , dans la crainte de déroger à sa dignité , avait refusé de se rendre auprès du monarque au moment où le péril le plus imminent menaçait ses jours, s'empressa de le suivre dans la capitale, aussitôt qu'elle le vit chargé de fers qu'elle même lui avait préparés. Depuis ce jour fatal , captif dans son propre palais , entouré de gardiens féroces , en but aux outrages d'un peuple égaré dont l'assemblée dirigeait à son gré les fureurs ; forcé sous peine d'en être la victime, de consacrer par sa sanction des décrets qui détruisaient la religion , les lois et la noblesse, traîné à la fédération qui eut lieu au Champ-de-Mars, pour y jurer de maintenir une constitution qui annéantissait la monarchie, tel a été le sort de Louis XVI, de ce Roi si digne de régner sur un peuple qui avait passé jusqu'à cet époque, pour le plus policé du monde. Qu'on le compare à celui de Charles premier roi d'Angleterre,, et que l'on juge auquel des deux on doit porter envie.

Enfin une nouvelle assemblée succède à la constituante, sous le nom d'assemblée législative. Celle-ci présenta beaucoup de férocité et peu de génie. Elle déclara que l'opinion natio.. ale était fixée dans le choix de ses représentans, et que tous les Français devaient se rallier au centre commun, et qu'on doit repousser toute idée d'esclavage. Déjà plusieurs nations de l'Europe s'étaient déclarées contre la France; cette agression fut sur le point de changer la France; les partisans de la liberté l'attribuèrent au Roi. La faction toujours ardente voulait la république; on assiégea le Roi dans le château des Tuileries le 10 août 1792. Le peuple y commit des massacres horribles et fit le Roi prisonnier ainsi que toute la famille royale; il furent transférés dans la tour du Temple. Peu après l'assemblée législative convoqua une assemblée nouvelle qui prit le nom de *convention nationale.*

Cependant le Roi de Prusse était parvenu à entrer dans la Champagne; mais n'ayant pas assez de troupes pour résister aux forces de la république, il y fut battu. Les armées françaises portèrent leurs armes victorieuses dans la Belgique, dans la Savoie, et dans l'Espagne. La France, victorieuse sur tous les points, attribua

tous les malheurs de cette guerre au Roi ; alors
la convention nationale, forte par son système
et appuyée des sociétés populaires, déclara que
la France adoptait le gouvernement républicain.
Le 6 novembre 1792, on gagna la célèbre bataille
de Jemmapes : chaque soldat était un héros,
un esprit d'exaltation s'était emparé des troupes.

Dans l'intérieur de la France, au contraire,
l'ambition de quelques hommes ardens avait
déconcerté les vues des plus zélés patriotes. Louis
XVI, ce Roi juste qui ne respirait que le bien, fut
condamné à périr. Le parti qui l'avait porté à
l'échaffaud, se permit bientôt toutes les espèces
de crimes, pour s'enrichir. Ces scélérats s'emparèrent de tous les biens qu'ils purent envahir :
pour régner seuls, ils portèrent à l'echaffaud les
victimes les plus innocentes du parti dit *Roya-
liste*. Ce qui attira sur la France les maux les
plus incalculables, dont la plupart n'eurent lieu
que par la faute des chefs, à quelque titre qu'ils
eussent part au gouvernement, parce que le repos
et la sécurité furent troublés, par un abus du
pouvoir excessif. La crainte d'être compris dans
la proscription du féroce Robespierre, enhardit
quelques membres de l'assemblée nationale à se
soulever contre lui, et ils réussirent. Il fut pros-
crit dans le mois de juillet 1794, arrêté et mis
à mort deux jours après. Les événemens qui se

suivirent sont trop nombreux pour être rappor-
tés ici. Tel est le siége de Lyon que les habi-
tant ont défendu pendant deux mois avec la
résistance la plus courageuse et la plus noble ,
contre les troupes de la république française, qui
s'acharnaient à détruire une ville la plus floris-
sante et la plus industrieuse de la France. Tel
est cette guerre de la Vendée, décrite avec la
plus grande vérité dans les mémoires de madame de la Roche-Jacquelin, où sont peints avec
le plus vif et le plus touchant intérêt les massacres de Savenay de Nantes et d'Angers. Ces for-
faits sont si inouis , que je les passe sous
silence , mais j'ajoute qu'il paraissait que
Dieu s'était repenti une seconde fois, d'avoir
créé l'homme , tant les malheurs étaient extrêmes. L'année ensuite les troupes françaises s'emparèrent de la Hollande, et le Sta-
thouder s'enfuit en Angleterre : la Hollande fut
forcée d'adopter un gouvernement purement
démocratique. Une nouvelle constitution donna
à la république française deux conseils de légis-
lateurs , l'un dit des anciens , l'autre des cinq
cents; le pouvoir exécutif fut confié à un Directoire , composé de cinq membres.

Suite de l'analyse.

En 1793 les Anglais s'étaient emparés de Toulon
dont les riches habitans se montrèrent les amis.
Mais ils en furent chassés par la valeur des troupes françaises, et par les bonnes dispositions
qu'avait pris contre eux un jeune Corse sous-
officier d'artillerie, que dès-lors on distingua
particulièrement. Le Directoire exécutif démêla
dans cet étranger, du génie, de l'activité, et qu'il
mêlait de la philosophie aux talens de la guerre ;
aussi il n'en fallait pas davantage pour l'avancer.
Il fut bientôt nommé commandant de l'armée de
l'intérieur. Il avait été élevé à l'école militaire où
il avait fait preuve d'excellentes dispositions pour
les armes. Le Directoire exécutif ayant entre-
pris la guerre contre l'Italie, lui donna le com-
mandement de cette armée. Il commença la glo-
rieuse campagne d'Italie en 1796, dans laquelle
il repoussa cinq armées de différentes puissances
belligérantes, pris sur eux plus de deux cents
pièces de canon, et fit plus de soixante mille
prisonniers. Ayant terminé cette guerre, il la
porta dans l'Autriche, et s'approcha presque
sous les murs de Vienne. Alors l'Empereur récla-
ma la paix, et elle lui fut accordée sous des
conditions très-onéreuses. Ce fut ce fameux traité

qui fut signé à Campo-Formio dans le Frioul Vénitien, et qui a eu tant de publicité dans l'Europe.

Quelque temps après, le vainqueur de l'Italie fut envoyé à la conquête d'Egypte. Dans ce même moment là, des plénipotentiaires français furent envoyés à Rastadt, et ils furent assassinés. Cet assassinat occasionna une grande révolution en France, et beaucoup d'hommes en place furent déportés, et tous les prêtres furent enveloppés dans cette même disgrâce. Ce fut alors aussi que les Autrichiens, soutenus par les Russes, commandés par le général Souvarow, reconquirent toute l'Italie, et les Français furent battus sur tous les points. Le général en chef de l'armée d'Egypte, qui avait soumis l'isle de Malte, la seule conquête de l'expédition de l'Egypte, après s'être emparé de la ville d'Abouckir et du fort, reparut en France, et apporta lui-même la nouvelle de cette dernière victoire. Expédition qui n'avait point de but, et qui a été nuisible à la France et aux soldats français, par les pertes qu'ils ont essuyées.

Ce nouveau général plein d'ambition, voyant le bon accueil qu'il avait reçu des Français, lors de son arrivée d'Egypte, saisit ce moment pour faire une révolution en France. Il prit des mesures efficaces pour se rendre maître absolu de la

France. Il savait qu'un simple citoyen avait subjuqué l'Angleterre, et voulant l'imiter, il assembla les deux conseils à St.-Cloud, et de concert avec les militaires et les grenadiers qu'il avait réunis auprès de sa personne, il entre dans la chambre où ils étaient assemblés, chasse de suite ces deux conseils, abolit de sa propre autorité l'institution du Directoire exécutif, et affermit son pouvoir en nommant deux consuls provisoires, conjointement avec lui, et il traite d'égal avec eux ; et fait semblant de partager la puissance qu'il retient pour lui seul. Cette révolution eut lieu à la fin de l'année 1800. Ensuite il fut appelé par la nation entière au premier consulat et on lui donna pour adjoints, deux autres consuls. Le premier avait la plus grande prépondérance ; on créa un sénat conservateur de la nouvelle constitution, un tribunat, et un corps législatif qui faisait les lois. Dès ce moment là , le Gouvernement prit une nouvelle assiette. Au déhors, les ennemis perdirent tout ce qu'il nous avaient repris. Le premier consul franchit avec toute son armée la montagne des Alpes, prit tout le Piémont, entra dans le Milanais , gagna la célèbre bataille de Marengo, et força l'Autriche à demander une seconde fois la paix. Enfin, en 1801 elle fut conclue encore à Nanci avec l'Autriche et tous les électeurs de l'Allemagne. Par ce traité, la France resta en possession de tous les pays situés à la gauche du Rhin depuis Bâle jusqu'à la république Batave. Les bornes de la république française étaient à peu-près les mêmes que celles de la Gaule au temps des Romains.

Les troubles, les guerres ont désolés tous les grands États de l'Europe, la France seule les a presque tous asservis dans ces derniers temps. Le résultat de ces longs ébranlemens et de ce choc, indéterminable, a été que quelques grandes provinces ont été détachées d'un État pour être unie à la France. Tel est la conquête de la Franche-Comté sous le règne de Louis XIV, et qu'il annexa pour toujours à la France. Le premier consul s'était emparé de la Belgique du duché de Savoie, et du Valais, il les annexa, par le droit de conquête à la France, et les lois françaises y furent en vigueur. La Hollande, après avoir été érigée en royaume, en faveur de son frère Louis, était devenue province française par la démission du nouveau roi qui régnait sans titre valide, et qui ne pouvait pas gouverner en maître ce royaume. La Vestphalie fut détachée de l'empire Germanique, et érigée en royaume, en faveur de Jérôme Buonaparte qui a régné sept ans, après lequel elle est rentrée sous la domination de ses anciens maîtres. L'Espagne, subjuguée à moitié par la ruse avait changé de maître, mais elle est à présent ce qu'elle était autrefois.

Presque toute cette révolution n'a été qu'une longue suite d'atrocités inutiles ; et dans peu, le souvenir de toutes ces querelles passées, de toutes ces guerres , de tous ces traités frauduleux qui ont produits tant de malheurs passagers seront effacés de la mémoire des hommes. On compte avec raison , parmi ces malheurs , les troubles de religion : la constitution civile du clergé, émanée de l'assemblée nationale , a été la cause de la chûte du clergé , et du massacre des prêtres ou de leur déportation. Deux souverains pontifes , ont été la victime de la cruauté des Français. Le premier est venu mourir en France dans les tourmens et la prison la plus dure ; il était âgé de quatre-vingt-deux ans , et les barbares n'ont respecté , ni son âge , ni sa dignité. Le second siége encore sur le trône pontifical ; il a été abreuvé d'outrages qu'il a soutenu avec patience. Maintenant il fait briller sur le trône pontifical cette piété tendre qui a constamment dirigé toutes ses démarches. Le premier est décédé en odeur de sainteté, pour le second, nous n'approfondissons pas les desseins de la Providence, mais au moins nous appliquerons à ces deux grands personnages, ce mot fameux dans les anciens auteurs. « Le

» plus beau spectacle qui puisse s'offrir à la di-
» vinité , lorsqu'elle contemple ses ouvrages ,
» c'est l'homme juste aux prises avec l'ad-
» versité. »

Voilà comment les peuples et les philosophes
ont ressuscités les droits des sujets , et réprimés
les crimes des Rois ; et si les monarques de l'Europe n'eussent pas pris les armes, nous aurions
vu que les droits des peuples , et cette liberté
éphémère , qui a tant fait verser de sang, se serait
étendue dans toute l'Europe. Que sont devenus
les Français, leurs opinions sont encore différentes ; les uns ne respirent que trouble et confu-
sion ; ils voudraient changer le Gouvernement ,
ils font tous leurs efforts pour réussir : ils ne
pensent pas que c'est la ruine de la France qu'ils
désirent ; ils ne font pas attention qu'elle est déjà
ruinée totalement. Mais le caractère de l'homme
est à présent un ressort de son imagination
ardente , qui reprend toujours sa force. Que ces
malveillans fassent attention que d'un bout du
monde à l'autre , il y a des lois établies pour
le maintien du bon ordre. Par-tout il y a un frein
imposé au pouvoir arbitraire, par la loi , par
les usages ou par les mœurs. Les hommes
devraient graver dans le plus profond de leur
cœur, cette maxime qui est écrite dans tous les
livres de morale , même dans les livres des

anciens philosophes. Soyons équitables et bien-
faisans. « Ne faites pas à autrui, ce que vous
» voudriez ne vous être pas fait. »

Les Français ont commis des crimes , le ciel
vengeur ne pouvait laisser impunis tant de for-
faits, et la France reconnut bientôt les marques
du courroux céleste. Livrée à l'anarchie aux guerres intestines et étrangères, changeant souvent
de gouvernement , gémissant sous le poids , de
la tyrannie et du despotisme , la France reconnut,
mais trop tard , la profondeur de l'abyme qu'elle
s'était creusée elle-même. Je voudrais bien la
justifier..... Mais victime elle-même d'un poignée
de séditieux , elle se contentait de gémir et de
verser des larmes sur ces malheurs et sur le
sort du meilleur des Rois et de la famille royale.
Du Roi, dont tous les instans , depuis qu'il est
monté sur le trône , ont été employés à faire le
bonheur de ses sujets ; dont les dernières paroles touchantes sont : *Je meurs innocent , et je
pardonne.* De la Reine , dont la France entière
a su et répété le propos touchant qu'elle a adressée
à une femme dans la forêt de Fontainebleau;
elle venait de perdre son mari, la Reine l'aper-
çoit qui fondait en larmes ; elle descend de
voiture , et ayant appris la cause de ses
larmes , un seigneur , s'écria, *quel malheur,
comment rendre à cette femme désolée son
mari ;* ah, reprend la princesse , *en la tirant de*

*la misère , nous pouvons du moins diminuer
la cruauté de son sort* , et lui donne tout ce
qu'elle a dans sa bourse , et redouble les ten-
dres expressions de sa sensibilité. De la Reine
qui a adressé ces mots à la concierge Richard :
Dieu enfin protégera le Royaume. De madame
Elisabeth, laquelle montant à l'échafaud ,
prononça avec l'accent le plus doux ses dernières paroles. Mon Dieu , *daignez avoir pitié
de ce malheureux royaume.* De telles anecdotes
dans la vie des maîtres du monde, doivent faire
sur les cœurs une impression qui ne s'efface
jamais : on ne saurait trop les publier pour nous
rendre nécessairement bons.

Cet état de décadence annonçait l'affaiblisse-
ment dans lequel était tombé le pouvoir souverain, sans que la masse de la nation y eut gagné.
l'oppression n'avait fait que se partager entre un
plus grand nombre de tyrans ; et jamais aucun
Français ne pensait que le trône était sur le
point de se relever , lorsque Buonaparte qui
était premier consul , fatigué de partager l'autorité souveraine avec des collégues qui le con-
trariait, résolut de se faire proclamer *Empereur
des Français ;* et en agissant ainsi il satisfai-
sait son ambition qui n'avait plus de bornes.
Fidèle à ses vues ambitieuses, il sentit que l'intérêt qu'on lui portait , était le vrai moment

pour parvenir à la puissance souveraine, et que dans cet élan d'enthousiasme, le peuple serait moins observateur que dans une situation tranquille. Il avait parmi les différens corps de l'État des affidés qui savaient saisir l'occasion de développer le plan qu'il leur dictait. Soutenu du Sénat, des Préfets et des Maires, il s'empara du trône, et la nation presqu'entière ne tarda pas à lui donner le double avantage de transmettre ses États, à ses descendans. Dès ce moment là, il eut l'ambition d'établir la *monarchie universelle :* il ne négligea aucune occasion de faire la guerre aux puissances de l'Europe, et en força un grand nombre de le reconnaître Empereur des Français. Il recommença la guerre avec le Roi des Deux-Siciles et l'Empereur d'Autriche, et il poursuivit les armes à la main tous ceux qui étaient entrés dans le parti de ces princes. Il obligea le Roi Ferdinand de se retirer dans l'isle de Sicile, et nomma Roi de Naples son frère Joseph. Cette conquête étant achevée, il alla attaquer l'Empereur d'Allemagne, le défit à Austerlitz. C'est là qu'après avoir fait un traité avec lui sur le champ de bataille, il détacha de l'empire Germanique tous les Electeurs, leur donna à tous le titre de Roi, et établit la confédération du Rhin, et s'en déclara le protecteur.

Peu-à-près cet acte fédératif, il poussa ses conquêtes du côté de la Prusse, gagna plusieurs batailles rangées, mais avec beaucoup de peine, de sorte que voulant poursuivre ses autres desseins, il fit un traité de paix avec le Roi de Prusse, qui tremblait pour ses États, et qui accorda tout ce qu'on lui demandait. Napoléon méditait depuis long-temps de porter la guerre en Espagne. Il connaissait le caratère du Roi. Déjà il avait envoyé des ambassadeurs qui y propageaient les principes détestables de la révolution ; déjà il avait obtenu du Roi, le passage des troupes françaises, qui se rendaient en Portugal ; lorsque Napoléon profita d'une sédition qui avait éclatée à Madrid, contre les officiers de l'ambassadeur français ; il trouva qu'il n'y avait que la guerre qui pût réparer cette injure : il fit filer des troupes en Espagne, qui s'emparèrent de plusieurs villes, et qui s'avancèrent rapidement du côté de Madrid. Ce Roi intéressant, effrayé, cherchait à se défendre. Mais il fut presque vaincu avant que d'avoir commencé la guerre ; car la peur s'étant emparée de lui, il se rendit à Bayonne, où était Buonaparte, et là, il implora son secours. Mais Buonaparte, usant de ruses et d'artifices, l'obligea à se démettre de sa royauté, et nomma à sa place Joseph, son frère, qui occupait le trône de Naples, et mit à Naples son beau-frère Murat ; présent qui lui a été funeste, car le Roi des Deux-Siciles, ayant repris son trône, a fait fusiller Murat l'hiver dernier, c'est-à-dire en 1816. Tel devrait être la destinée de tous les usurpateurs.

Il paraît d'après ce résultat que Buonaparte avait résolu de changer tous les monarques de l'Europe. Pour parvenir à cette fin, il entreprit de porter la guerre en Russie. Cette expédition fut malheureuse. Moscou fut incendiée. L'Europe en eut horreur. L'hiver cruel qui succéda à cette incendie, fit périr la moitié, et plus, des soldats français ; ils ne purent résister ni au climat, ni au froid ; dès ce moment la révolution tendait à sa décadence.

La nation avait donnée à Buonaparte l'avantage de transmettre à ses descendans, ses États. Dégoûté de sa femme, qui était plus politique que lui, et qui avait reçue une éducation plus brillante, résolut de la renvoyer. D'ailleurs cet homme était si absolu qu'il ne pouvait souffrir, ni soutenir les bons conseils de Josephine, son épouse légitime. Les militaires préfèrent la gloire des conquêtes, plutôt que de rendre heureux ceux qui vivent sous leurs lois. Il n'avait jamais su que combattre. La nature, ne prodigue pas tous ses dons à la même personne ; il ne brillait pas par ceux de l'esprit, et n'embellissait jamais aucun de ses sentimens. D'ailleurs , ayant fait à Wagram , en 1809 , un traité secret avec l'Empereur d'Autriche qui venait de perdre trois batailles consécutives , il le força de lui donner la princesse Marie-Louise , sa fille , en mariage. Les guerres passées avaient ruinés tous ses vastes États : il fallait toute sa prudence pour n'être pas lui-même la victime d'un homme qui avait détrôné tant de Rois. Craignant aussi sa chûte, il n'hésita pas à la lui promettre. Buonaparte , au comble de ses desseins ambitieux , disait que ce mariage cimenterait à jamais la réconciliation des deux empires , et rendrait la France heureuse ; il l'épousa au contentement de presque toute la nation. Mais sa politique commença à dégénerer ; dès ce moment là , il rendit sa chûte prochaine.

Toutes les puissances de l'Europe se coalisèrent contre la France , qui succomba , parce qu'alors les efforts des Français furent inutiles. La bataille qu'ils perdirent auprès de Leipsick, amena la dissolution de la confédération du Rhin. Les puissances de l'Europe entrèrent bientôt en France , s'emparèrent de Paris. Les autorités s'empressèrent de prononcer la déchéance de Buonaparte. On la lui porta à Fontainebleau , il la signa lui·même. Pour le dédommager , on lui donna la souveraineté de l'isle d'Elbe. La nation , qui , jusque là, n'avait blâmée que son ambition , en l'admirant , cria alors contre sa dureté , et critiqua même sa politique.

Les Français qui avaient toujours été vainqueurs sous Buonaparte, et qui, depuis Moscou, avaient toujours été affaiblis par des pertes, combattaient contre des alliés , dont les troupes étaient toujours renaissantes. Il commençait à devenir difficile en France de faire des recrues, encore plus de trouver de l'argent , qui est le nerf de la guerre. Cet esprit de confiance et de supériorité diminuait de beaucoup. Louis XVIII, Roi légitime , était venu occuper le trône ; il avait été reçu comme l'ange tutélaire de la nation. Les Français lui avaient voué l'amour le plus juste et le plus mérité. On lui prodiguait des éloges sur sa bonté , sur son affabilité et sur la pacification de l'Europe , lorsque Buonaparte, épris de faire revivre son ancienne ambition , sort de l'isle d'Elbe , et reparaît en France avec une poignée d'hommes. Cette apparition jette la consternation dans tous les cœurs. Il s'avance , et en s'avançant , il fait circuler des proclamations qui captivent les Français en sa faveur. Les soldats épars se rassemblent , se réunissent à lui , et le conduisent presqu'en triomphe jusqu'à Paris , où il entra de nuit , le 21 avril 1815. Le roi légitime se retire à Gand ; de là, il réclame les secours des puissances de l'Europe qui se coalisent une seconde fois.

Tel était le tableau que présentait la France l'année dernière ; on ne se dissimula rien dans le congrès de Vienne, où étaient assemblés les différentes puissances de l'Europe. On fixa et on évalua ce danger d'un œil assuré. Mais la découverte et la connaissance du mal ne facilitait ni la recherche, ni l'application du remède. Combien de combinaisons à faire , de rapports à saisir , pour concilier tant d'intérêts divers , pour peser et anéantir un coup si violent , et prévenir des malheurs qui paraissaient inévitables. La politique la plus consommée pouvait échouer. Mais la providence l'éclaira, amena une seconde coalition et en prépara les moyens. Les puissances européennes firent un dernier effort pour anéantir cette puissance ; se prêtèrent en général à toutes les mesures qu'on arrêterait d'un commun accord pour le bien de la France et pour ramener le roi légitime sur le trône. A Paris on ne faisait plus un mystère de l'invasion de la France , et les monarques rassemblaient et augmentaient puissamment leurs armées. Enfin l'usurpateur n'eùt de nouvelles de ses alliés que pour apprendre qu'il n'en avait plus.

De part et d'autre on fait des préparatifs immenses , soit pour attaquer , soit pour se défendre. Les puissances gagnent la célèbre bataille du mont St. - Jean , qui fut long-temps disputée par les Français.

Ils se rendent maîtres de Paris ; Buonaparte lui-même est fait prisonnier. On l'exile dans l'isle Ste. Helène, située dans la mer Atlantique. Cette invasion a été ruineuse pour la France. Le commerce qui avait repris sa vigueur , fut anéanti, l'industrie étouffée , l'agriculture négligée. Nous l'avouons , il y a toujours quelque chose à rabattre de ces calculs , mais rien de ces calamités extrêmes que causent ces expéditions de terre. Les résultats sont toujours le malheur de l'État et du particulier. Si les guerres sont funestes au peuple , une révolution l'est bien d'avantage. La malveillance doit reconnaître, à présent , son impuissance et l'inutilité de ses efforts. Les passions sont accoutumées à se froisser, même à se déchirer, et lorsqu'elles sont calmes, elles doivent s'étonner de la douce influence qui les appaisent et les réconcilient.

Aussi nous sommes arrivés à cette époque si agréable pour Louis XVIII le - Désiré , et

si heureuse pour la France : à cet événement
qui cimente , pour toujours , la réconciliation
de l'Italie avec la France. La nation italienne
et française se sentnet également intéressées à
ces nœuds augustes et sacrés , qui ont mis
le sceau à leur félicité commune. La princesse
Caroline , petite - fille de Ferdinand , Roi de
Naples et de Sicile , était destinée par la
Providence , à faire le bonheur des Français ,
avec un prince, l'héritier des vertus de St. Louis.

Cette aimable princesse sicilienne, après s'être
arrachée des bras de son père et de sa famille
royale , est arrivée à la cour du Roi de France
pour épouser le duc de Berry , fils du comte
d'Artois frère du Roi. Son départ a bien fait
couler des larmes à Naples ; son voyage, depuis
les frontières de France , a été comme un
triomphe continuel : par-tout , cette princesse
a vu un peuple nombreux accourir sur son
passage , et s'empresser de voir l'épouse d'un
prince chéri par les Français. Mais quel a
dû être les sentimens qu'elle a éprouvés ,
lorsqu'à l'approche des villes de Lyon et de
la capitale, elle a vu une foule innombrable
de citoyens de tout rang et tout âge , border
les chemins, et attendre constamment , malgré
la pluie et l'orage , le moment de son arrivée ;
sans doute , elle a conçu pour le peuple , ce

sentiment d'amour , dont on a vu jusqu'à présent cette auguste princesse donner des témoignages publics. Les Français ont admirées en elle les grâces de la figure, jointes à un air plein de dignité , malgré sa grande jeunesse.

On doit ce mariage aux soins de M. le duc d'Havré , qui , envisageant le bonheur de la France , aussi bien que sa grandeur, a aplani toutes les difficultés , et est parvenu heureusement , à conclure cet hymen. Il s'est formé très - à - propos pour calmer et réunir tous les esprits ; et madame la duchesse l'a accueilli singulièrement bien , et la remercié de ses soins à contribuer à son bonheur , et elle a ajouté qu'elle comptait sur leurs continuations , pour aider de ses conseils sa jeunesse et son inexpérience.

Il n'était guère possible que les préparatifs, la pompe et les réjouissances du mariage , malgré la détresse où se trouve le royaume n'entraînassent beaucoup de dépenses : mais elle n'a pas été excessive. La plupart de ces solennités brillantes , ne sont souvent que pour les yeux et les oreilles. Ce qui n'est que pompe et magnificence passe en un jour. La principale gloire de ces fêtes qui perfectionne en France , le goût , la politesse et les talens , vient de ce qu'ils ne dérobent rien aux travaux du monarque, qui dans cette occasion, a voulu que la ville de Paris, mariât et dotât quinze filles. C'est ainsi qu'au lieu d'amuser les oisifs de la capitale par des divertissemens vains et momentanés, il a répandu la joie dans l'ame du peuple, en faisant participer la nation à cet heureux événement, et l'on s'écriera par-tout : *vive Louis-le-Désiré !* Un genre de fête qui ne coûte rien au peuple, couvre le Roi d'une gloire plus vraie et plus durable, qu'une magnificence onéreuse et bien éloignée de la grandeur véritable d'un monarque, père de ses sujets.

La France a été trop long-temps livrée à ses propres dissensions. Puisse ce mariage réunir tous les esprits divisés par tant de partis contraires depuis trente ans, autour du Roi légitime, qui a ramené avec lui, pour la seconde fois, la religion catholique, qui est si douce à pratiquer, elle ne contraint point, mais elle persuade. Puisque la Providence se montre à notre égard si active et si vigilante, n'en doutons pas, les mœurs renaîtront, la justice, si méconnue, et la bonne foi reprendront leurs cours, et le royaume sera en paix. La paix, ce bien si précieux, puisqu'il est le seul qui puisse faire revivre les sciences, la littérature, les beaux-arts et l'industrie.

Le peuple ne sent pas encore tout le bien que Sa Majesté veut lui faire; bientôt il le sentira. Aujourd'hui il travaille pour des ingrats. Aujourd'hui peu de personnes portent leurs vues sur l'avantage public. On doit savoir combien l'intérêt particulier fascine les yeux, rétrecit l'esprit. Pour apercevoir cette vérité, il faudrait pouvoir réformer l'esprit du peuple et ses préjugés. Il est temps que les mœurs s'adoucissent. Les mœurs embellissent la société : si ces anciennes et aimables sociétés revenaient, on verrait les jeunes gens se retirer des cafés, et même des tavernes qui sont encore trop à la mode, et qui n'inspirent qu'une débauche hardie. La décence qui régnait dans les anciennes sociétés, était due aux dames aimables qui rassemblaient la société chez elles ; les esprits étaient plus agréables, et les hommes s'étudiaient pour leur complaire, à puiser dans la lecture, le beau langage qui en faisait le charme.

L'extrème facilité dans le commerce du monde, l'affabilité, la politesse et la culture de l'esprit, avaient fait de la France entière, un royaume, qui, pour la douceur et la commodité de la vie, l'emportait sur tous les autres

royaumes

royaumes de l'univers , dans le temps même de leur plus haute splendeur. Cette foule de secours , toujours prompts , toujours ouverts pour toutes les sciences , pour tous les arts , les goûts et les besoins , tant d'utilités solides , réunies avec tant de choses agréables , jointes à cette franchise particulière aux Français , tout cela engageait un grand nombre d'étranger à voyager où à y faire leur séjour dans cette partie de la société la plus exquise , et pour y jouir de la température et de la douceur du climat. Si quelques natifs en sortaient , c'étaient ceux qui appelés ailleurs par leurs talens , étaient en témoignage honorable à leur pays , et ils jouissaient de la considération que la nation française inspirait. Sous Louis XIV, elle se distingua sur les autres par sa splendeur , et depuis on a vu toutes les nations devenir plus éclairées , plus policées , plus guerrières , plus industrieuses, mais aucune n'a jamais surpassé la France. C'était le beau siècle. Enfin , il est glorieux de dire que la France a tout ce qu'il faut pour devenir la plus riche et la plus heureuse de toutes les nations ; enfin , elle possède dans le travail de vingt-cinq millions d'ames et plus , un trésor inestimable.

Peuple brave et sensible , pardonnez à un simple citoyen de vous avoir rappelé les malheurs de votre patrie. Oublions - les pour toujours. Vous êtes devenu de nouveau le rempart de la monarchie : vous êtes appelé à sa défense. En cas de dangers , vous êtes sûr de son secours. Toute la confiance du Roi répose sur vos sentimens , sur votre dévouement qui paraît inébranlable. Braves gardes nationales Lyonnaises , vous venez de donner des preuves de votre amour pour le bon ordre et le bien public. Ma reconnaissance est une dette que j'acquitte à votre égard, et quoique vous la trouviez bien faible , je vous prie , néanmoins de l'agréer , et je m'écrie avec vous :

DIEU , L'HONNEUR ET LE ROI.

NOTES SINGULIÈRES.

L'on a assuré lors du dépouillement des votes, en faveur de Buonaparté, et de l'hérédité à ses descendans, que le nombre était de quatre millions sept cent mille et plus, et que les votes contraires étaient de deux mille trois cents. Ce dépouillement qui eut lieu en 1804, fut ouvert par les premières autorités de Paris, et nombre de députés des différens départemens. Celui qui eut lieu dans le mois de mai 1815, n'excédait pas quatorze cent mille. L'on remarqua en 1815 au Champ - de - Mars que Buonaparte fut étonné d'avoir recueilli si peu de suffrages. Son visage en fut altéré, sa démarche moins fière, et ses airs de tête annonçaient de l'inquiétude. M. Dubois d'Angers qui lui dit néanmoins, que les puissances de l'Europe voulaient donner à la France celui qu'elle ne voulait pas, et voulaient lui ôter celui qu'elle voulait, n'eut pas le talent de le rassurer. *Français*, cette petite note est sujette à bien des réflexions.

Je vais rapporter à cet égard la devise qui courut alors sur son compte, et qui me paraît digne d'estime.

Pour un Grand, malheureux, un tambour avec ces mots:

Il n'est fait que pour être battu.

Et pour son exil,

Le globe de la France et de l'Italie, posé sur un zigzag, sur lequel il appuyait le talon en prononçant ces mots:

Ah ! Civitates meas.

Et en Italien   Così va il mondo.

Au surplus, j'avertis qu'il ne faut pas regarder comme vœu de la nation, les votes forcés, qu'à force de mensonges et de menaces, on avait obtenu en 1804, de plusieurs citoyens qui dans le fond du cœur détestaient Buonaparte. On doit se rappeler de quelle manière, on se procurait ses adhésions. Mais en général, on peut dire que ce fut le petit nombre qui fut forcé à y souscrire.

⸺⸺◆⸺⸺

Dans le commencement de la révolution, c'est-à-dire, dans les années 1786, 1787 et années suivantes, il était très-aisé de décrier le ministère des finances dans l'esprit des peuples ; parce que ce ministère pour lors était odieux aux parlemens et aux peuples mêmes, parce que les impôts le sont toujours. Il regnait d'ailleurs en général dans la finance, et nous en convenons sincèrement, autant de préjugés et de subterfuges que dans la philosophie moderne. La finance, les ministres et la philosophie ont tout renversé pour avoir le plaisir de se satisfaire. Le peuple a été séduit, parce qu'il n'était pas assez éclairé. Et dans un grand royaume il y a toujours de grands abus.

Les Français attribuaient le dérangement des finances aux profusions de Louis XIV. Dans ces bâtimens, dans ses plaisirs, dans son luxe et dans les arts. Dans les deux assemblées des notables, jamais il n'en fut fait mention. On sait qu'il y eut une lettre entre MM. Necker, protestant, et de Calonne. Cette lutte n'était pas faite pour réussir dans une assemblée aussi auguste que l'était l'assemblée des notables. De là s'accrut la fermentation qui éclata dans tout le royaume; il aurait été très-prudent de la calmer dans le principe. Les philosophes en profitèrent pour commencer la révolution. Ils savaient bien que les dépenses qui encouragent l'industrie enrichissent un État. Ils ne se trompaient pas, mais ils trompaient le peuple. Le ministère même conspira avec les philosophes et le peuple pour accabler l'État. Cependant la dette n'était pas immense, puisque M. de Calonne accusa qu'elle n'excédait pas cinquante six millions ; cette dette n'était pas un fardeau impossible à soutenir, dans une nation, ou le commerce est florissant ainsi que l'agriculture ; car lorsqu'un État puissant ne doit qu'à lui même, la confiance et la circulation suffisent pour payer. Mais il s'en fallait de beaucoup que la France eut alors assez de ressorts, de moyens, et de ministres pour faire mouvoir une machine si vaste et si compliquée, dont le poid l'écrasait. Ce qu'il y a de plus étonnant, c'est que l'on ne voulait jamais employer ses ressources, aussi le royaume tombait en décadence.

Ce qu'il y a encore de plus étonnant, c'est que c'était dans tout le royaume une circulation perpétuelle de mauvais propos contre le gouvernement, de dettes et de payemens. Tout cela effrayait, par les peines et les embarras que l'on se donnait, sans avoir aucun but, sans se douter que la nation fut capable de tout réparer, par son travail ingénieux encore plus que par sa richesse. Ce n'est point l'or et l'argent qui réparent ; mais c'est l'industrie. Qu'on fasse attention qu'un peuple qui n'a que des métaux, est très-misérable. Un peuple, qui sans ces métaux mettrait heureusement en œuvre toutes les productions de la terre, toutes les richesses de l'industrie, est véritablement le peuple riche. La France a cet avantage avec plus d'espèces qu'il n'en faut pour la circulation. Ne sait-on pas que la classe des ouvriers ferait mieux de travailler, que de raisonner inconsidérément sur les événemens du jour. Ce qu'il y a encore de plus étonnant, et comme l'observe judicieusement. M. Gavand dans son admirable et véridique ouvrage *de la faction civile dévoilée*, c'est que riches et pauvres, savans ou ignorans, tous veulent se mêler des affaires publiques ; et tous, à leur avantage.

L'industrie s'étant perfectionnée dans les villes, nécessairement s'est accrue dans les campagnes, parce que ce

sont les campagnes qui nourrissent les villes. Ce système
bien connu et bien apprécié, doit faire cesser les plaintes
qu'on a de tout temps fait éclater sur la misère qui ne
règne pas dans les campagnes, parce qu'elles n'ont point
de fondement. D'ailleurs, dans ces plaintes vagues, on
ne distingue pas les cultivateurs nouveaux riches, les
fermiers, d'avec les manœuvres. Ces derniers ne vivent
que du travail de leurs mains, et cela est dans tous les
pays du monde, où le grand nombre doit vivre du
produit de sa peine. Il faut que ce grand nombre d'hommes, soit pauvre, mais il ne faut pas qu'il soit misérable.
Il n'y a guère de royaume dans l'univers, ou le cultivateur soit plus à son aise qu'en France. Le cultivateur
fait travailler le manœuvre, et le manœuvre qui ne paie
ni tailles, ni contributions, vit à son aise, par le moyen
de son industrie, qu'il sait multiplier de plusieurs façons,
et la culture de la terre ainsi que tous les arts et métiers,
en profitent. Autrefois il n'y avait de ressources pour les
petits que de servir les grands et les riches, et nous
l'avouons, c'était la ruine de l'État. Mais aujourd'hui l'industrie à ouvert mille chemins, soit dans les arts et
métiers, soit dans l'agriculture, qu'on ne connaissait pas
il y a quarante ans.

Dans ce moment, il ne s'agit que de prendre patience
et comme l'observe M. Gavand, ce jeune homme esti-
mable, qui a bien jugé les choses: « La France sera sauvée,
quand tous les Français, unis pour la concorde, marcheront
d'un pas égal vers le bien, alors les honnêtes gens lèveront
la tête, non pas par orgueil, mais sans crainte, mais sans
apréhension; mais il faut aussi que le crime cesse et
baisse la tête. La France sera sauvée, quand le gouvernement sera confié à des hommes instruits, sages, et
fidèles au Roi et à son auguste famille. C'est alors que
la France sera heureuse. »

NOTES.

Pour moi, dans ma retraite et loin du monde, je prends pour maxime de ma conduite la fable de Philemon et Baucis, du bon et ingénieux La Fontaine, dont je vais décrire les vers.

> Ni l'or ni la grandeur ne nous rendent heureux :
> Ces deux Divinités n'accordent à nos vœux
> Que des biens, peu certains, qu'un plaisir peu tranquille,
> Des soucis dévorans, c'est l'éternel asile,
> Véritable vautour que le fils de Japet
> Représente enchaîné sur son triste sommet.
> L'humble toit est exempt d'un tribut si funeste.
> Le sage y vit en paix, et méprise le reste
> Content de ses douceurs, errant parmi les bois,
> Il regarde à ses pieds les favoris des rois ;
> Il lit au front de ceux qu'un vain luxe environne,
> Que la fortune vend ce qu'on croit qu'elle donne.
> Approche-t-il du but, quitte-t-il ce séjour,
> Rien ne trouble sa fin, c'est le soir d'un beau jour.

M. Gavand conseille et exhorte les pères de famille à faire lire aux jeunes gens, les mémoires de madame de La Roche-Jacquelin. Je suis du même avis, avec cette différence qu'il ne faut pas fatiguer la jeunesse par des récits qui inspirent la tristesse. Il faut avoir une âge mur. C'est alors que le cœur se forme, ces mémoires sont faits pour les rendre vertueux, bons, sensibles et humains.

Urbanitate, virtute, litterá, et armis nobilitatur homo.

Nous avons suivi, dans notre analyse, les progrès rapides de cette pénible révolution, qui a couvert si long-temps la France et l'Europe, d'ébranlemens convulsifs. Il doit nous être main,

tenant plus agréable d'observer les premiers
rayons de cette clarté renaissante, et de reconnaître les accroissemens de lumière et de gloire
qui ont amené , enfin , les jours brillans dont
nous commençons à jouir.

www.ingramcontent.com/pod-product-compliance
Lightning Source LLC
LaVergne TN
LVHW021810170726
843503LV00007B/3141